ADRESSE

De l'Assemblée provinciale de la partie du Nord de Saint-Domingue, à l'Assemblée nationale (1).

MESSIEURS,

L'Assemblée provinciale de la partie du Nord de Saint-Domingue s'empresse de soumettre à votre sagesse ce qui se passe dans la Colonie, & les suites funestes qui peuvent en résulter.

Elle avoit formé une Assemblée générale, lorsque les premieres nouvelles de votre décret du 8 mars nous parvinrent. La Colonie entiere étoit en proie aux alarmes ; ses ennemis entouroient l'Assemblée nationale, & s'étoient glissés jusques dans son sein ; mais votre décret porta le calme dans nos cœurs.

(1) Cette adresse a été lue par un député de Saint-Domingue à la séance de l'Assemblée nationale du samedi 4 septembre, & a été renvoyée au comité colonial, pour en faire son rapport incessamment.

Vous promettiez ſûreté & protection aux Colons ; vous reconnoiſſiez la Colonie comme partie conſtituante de l'Empire ; vous l'admettiez à entrer dans le corps légiſlatif ; vous l'autoriſiez à préparer elle-même ſa conſtitution ; vous vous borniez à indiquer pour baſes les liaiſons néceſſaires entre la Colonie & la Métropole.

On s'attendoit que l'Aſſemblée générale accepteroit ces faveurs avec reconnoiſſance, & ces conditions ſi juſtes avec ſatisfaction.

L'Aſſemblée provinciale ſe hâta de lui faire parvenir votre décret du 8 mars. Son premier mouvement fut celui de la confiance & de la joie ; mais une plus longue réflexion, ou plutôt des ſuggeſtions malheureuſes altérerent ces ſentimens. Les anciennes terreurs reprirent leur empire ; & l'Aſſemblée générale crut devoir s'entourer de précautions.

Elle s'eſt malheureuſement égarée dans des formes inconſtitutionnelles, inadmiſſibles, & par conſéquent nuiſibles, que nous croyons devoir vous expoſer, pour vous faire connoître la néceſſité de rapprocher tous les partis, en les raſſurant tous.

Bientôt après, l'Aſſemblée provinciale reçut un décret du 14 mai, ſur l'ordre judiciaire, dont l'Aſſemblée générale ordonnoit l'exécution immédiate, sans que l'objet fût urgent, sans qu'il fût approuvé par le Gouverneur général, sans réserver votre décision, ni la sanction royale.

L'Assemblée provinciale, sans se laisser éblouir par le mérite du fond, fut épouvantée des formes, qui lui parurent affecter un pouvoir législatif particulier à une partie de l'Empire, & indépendant de la réunion des représentans de la Nation & du Roi. Elle se hâta de condamner ces formes, de poser *ses propres principes*, & de s'opposer à la promulgation d'un acte qui lui parut inconstitutionnel & nul, par son arrêté du 17 mai.

Or ces principes sont, qu'il ne peut y avoir qu'un corps législatif en France, composé de tous les représentans de la Nation & du Roi;

Que la Colonie seule ne peut pas faire un corps législatif à part;

Que l'Assemblée générale n'a que les pouvoirs que le corps législatif lui a donnés, & qui la constituent; savoir, de proposer ses lois, & de les faire exécuter provisoirement avec la sanction du Gouverneur;

Que si elle rejette ou transgresse ces pouvoirs, elle a perdu dès lors son existence légale.

L'Aſſemblée provinciale fit paſſer cet arrêté à l'Aſſemblée générale, avec une adreſſe conforme.

L'Aſſemblée générale crut devoir faire une profeſſion expreſſe & explicite de ſes principes, par un décret du 28 mai.

Elle y conſigne qu'*elle eſt le corps légiſlatif en ce qui concerne le régime intérieur*, ſous la ſeule ſanction du Roi; & dès lors, ſi elle conſent que ſes décrets paſſent par les mains de l'Aſſemblée nationale, c'eſt ſans lui accorder le droit d'*examiner;* mais ſeulement pour les préſenter à la ſanction, comme agent paſſif & ſubordonné.

Forcée de convenir que *dans les rapports extérieurs* elle doit reconnoître l'Aſſemblée nationale pour arbitre, elle ſe croit en droit d'éluder ſes déciſions; &, par une fâcheuſe contradiction, elle ſe réſerve celui d'y conſentir ou de les refuſer.

Par une autre contradiction, elle admet la ſanction du Roi pour ſon régime intérieur, & elle la rejette pour ſes rapports extérieurs, en ſoumettant à ſon propre conſentement vos décrets, qui cependant ſeront ſanctionnés par le Roi.

Nous croyons qu'un tel ſyſtême mene la

Colonie à ne jamais avoir de conſtitution, parce que l'Aſſemblée nationale ne peut pas l'approuver, & que le Roi lui-même n'a pas le droit de le conſacrer ſans elle. Cependant l'anarchie la plus fatale regne ici.

L'Aſſemblée générale eſt tombée dans une erreur bien plus dangereuſe encore. En ſe rendant indépendante de l'Aſſemblée nationale, *elle accorde au Roi la ſanction libre & indéfinie* pour ſon régime intérieur, & par conſéquent *le veto abſolu*; tandis qu'en ſe ſoumettant au pouvoir légiſlatif de la Nation, elle n'étoit ſoumiſe qu'au *veto ſuſpenſif*. Or, comme ſous un autre Prince que le nôtre, le pouvoir du Roi peut n'être *que le pouvoir des Miniſtres*, il eſt évident qu'elle s'expoſe à remettre la Colonie *ſous le régime miniſtériel.*

C'eſt après cette époque, Meſſieurs, que l'Aſſemblée générale paroît avoir reçu officiellement les décrets & l'inſtruction de l'Aſſemblée nationale; & cependant, par un décret du premier juin, elle n'accepte votre décret du 8 mars, que *ſauf les droits de la Colonie, conſacrés en partie dans ſon décret du 28 mai.* Quant à l'inſtruction, elle ne l'adopte, quant à préſent, que *pour inviter*

86

les paroisses à s'assembler, & à déclarer si elles entendent continuer l'Assemblée génerale, ou en former une nouvelle.

Cependant, Messieurs, tous les districts du Cap & presque toutes les paroisses de la dépendance du Nord avoient adhéré à vos décrets & à notre arrêté du 17 mai. Plusieurs avoient même prononcé le rappel de leurs députés. Dans les paroisses de l'Ouest & du Sud, il y a eu moins d'unanimité. Quelques-unes seulement ont suivi nos principes; & par-tout on en voit qui, en confirmant l'Assemblée actuelle, la chargent expressément d'*adopter vos décrets & de s'y conformer*. D'autres paroisses ont confirmé purement & simplement l'Assemblée générale.

L'Assemblée générale a envoyé au Cap une députation solennelle pour porter des paroles de paix; mais ses commissaires n'ont pas rempli cette mission respectable, pour laquelle ils étoient envoyés. Après deux conférences, après trois jours de séjour, de ces commissaires, nous avons reconnu qu'ils éludoient les questions principales, qu'ils fomentoient un parti dans le peuple, qu'ils intriguoient auprès de la municipalité. Enfin nous avons su qu'ils sollicitoient une assemblée générale de la commune à l'églife ou à la falle du fpectacle, qu'ils fe flattoient de fubjuguer par une éloquence dont nous avions déjà vu les effets. Nous avions ci-devant fait l'épreuve malheureufe du danger de ces affemblées tumultueufes. Déjà, dans notre falle même, l'orateur de la députation avoit enflammé les efprits contre ceux qui avoient le plus ouvertement combattu les erreurs de l'Affemblée générale, au point qu'au milieu d'une rumeur violente de la galerie, on avoit ofé proférer ces mots : *Il faut les pendre, il faut les pendre.* Nous avons frémi des rifques que couroit la tranquillité publique ; & après nous être entourés des chefs de la municipalité, des dépofitaires du pouvoir exécutif, des Officiers fupérieurs des milices patriotiques & militaires, nous avons enjoint aux députés qui abufoient d'une miffion fage & pacifique, de fortir de la ville dans le jour, & de la dépendance dans quarante-huit heures.

Dès lors l'orage naiffant a été diffipé.

Bientôt nous avons eu à nous féliciter de cette précaution vigoureufe, mais néceffaire. Le courier du Port-au-Prince nous a appris que dans une affemblée générale du peuple à l'églife, on en étoit venu aux mains ; que les bâtons avoient été levés, des épées tirées, des pistolets présentés ; que des citoyens avoient été blessés ; qu'on avoit renvoyé à délibérer dans les districts ; que l'Assemblée générale avoit été maintenue ; & que le lendemain, cent cinquante citoyens notables avoient protesté, chez un notaire, contre la violence & contre la fausse rédaction des procès verbaux.

Nous apprenons qu'un député de la Marmelade, & un autre de Plaisance, dépendance du Nord, se sont rendus de Saint-Marc à leur paroisse ; qu'ils ont influé sur l'Assemblée ; qu'ils ont fait prendre une délibération qui adhere à l'Assemblée générale, & qui annulle celle plus nombreuse des propriétaires, confirmative de notre arrêté du 17 mai. Les citoyens notables ont été forcés de se retirer, & réclament contre cet arrêté.

On nous annonce aujourd'hui que la paroisse du Fort-Dauphin embrasse encore le parti de l'Assemblée générale.

Nous avons voulu, Messieurs, arrêter la division qui se répand. Nous avons déclaré, par un arrêté du 16 du mois de Juin dernier, que nous cessions toute correspondance avec l'Assemblée générale ; & par une autre en date du

21 suivant, nous avons déclaré que nous ne reconnoîtrons plus, & nous avons fait défenses à tous corps & particuliers du ressort, d'exécuter ni faire exécuter aucun décret qui ne porteroit pas sur les bases, & ne seroit pas revêtu des formes indiquées par l'instruction décrétée par l'Assemblée nationale.

Cependant nous avons pensé que le seul moyen d'arrêter le mal, étoit de réunir promptement le vœu des paroisses sur le sort de l'Assemblée générale actuelle. Nous les avons invitées à s'assembler conformément à votre instruction, & à adresser à M. le Gouverneur général l'état de leurs citoyens actifs, & leur vœu sur cette question précise: *L'Assemblée générale subsistera-t-elle, ou en sera-t-il formé une nouvelle?*

Nous avons cru ne pas violer la liberté que vous avez entendu, Messieurs, laisser aux Représentans de la Colonie, en engageant les paroisses à leur donner des instructions, portant défenses de consentir aucun décret, que sous la sanction provisoire du gouverneur général, la décision définitive de l'Assemblée nationale, & l'acceptation ou sanction aussi définitive du roi.

Nous avons nous-mêmes soumis cet arrêté à ces trois formalités essentielles.

Sur ces entrefaites, Meſſieurs, nous avons vu, par les dernieres dépêches de l'Aſſemblée générale, qu'elle a révoqué les députés de la Colonie à l'Aſſemblée nationale; qu'elle les réduit à la ſimple qualité de commiſſaires. Cela nous paroît une violation des pouvoirs de l'Aſſemblée générale & des droits de la Colonie.

Mais nous voyons encore qu'elle enjoint à ſes commiſſaires de ne vous préſenter que ſes décrets des 28 mai & premier juin, de vous cacher le ſurplus, & qu'elle leur interdit toute diſcuſſion ſur ceux-là. Cette conduite nous alarme.

Enfin nous voyons dans la gazette de la Colonie une lettre de l'Aſſemblée générale au Roi, & une de ſon Préſident à l'Aſſemblée nationale; il nous ſemble qu'elles ne ſont ſatisfaiſantes ſous aucun rapport; mais nous nous renfermons dans un ſimple expoſé, & nous ne nous permettrons aucune diſcuſſion critique. Nous vous obſerverons uniquement que les dépoſitaires du pouvoir exécutif n'ont mis aucun obſtacle aux décrets de l'Aſſemblée, & qu'ils ont gardé, comme les corps judiciaires, le ſilence & la nullité abſolue qu'elle leur impoſoit, en ne leur ſoumettant rien.

Voilà, Messieurs, l'état actuel des choses. Nous allons vous rendre compte du plan que nous nous proposons.

Nous attendrons que M. le gouverneur général ait recueilli le vœu des paroisses, l'ait publié, & ait ainsi constaté la pluralité à laquelle vous avez soumis le sort de l'Assemblée générale actuelle.

Qu'elle soit formée de nouveau, ou qu'elle soit maintenue, nous la regarderons alors comme légale dans sa forme constitutive; & *de cela seul*, nous concourrons de toute notre influence pour qu'elle procede paisiblement, & qu'il n'arrive aucun trouble dans la Colonie, s'il y a encore diversité d'opinions sur ses opérations.

Mais nous ne pensons pas pouvoir nous dispenser de persister, dans notre ressort, dans notre arrêté du 21, parce que nous ne croyons devoir admettre aucun acte qui ne soit conforme aux bases & aux formes que vous avez indiquées, jusqu'à ce que vous y ayez prononcé.

Nous attendrons dans cet état la décision que vous porterez, & nous déposons ici le serment de nous y soumettre.

Qu'est-ce donc qui a pu déterminer l'As-

92

ſemblée coloniale à adopter des formes que nous croyons inconſtitutionnelles & impraticables ?

L'Aſſemblée générale a évité de vous le dire ; c'eſt donc à nous de vous parler avec franchiſe, quelque pénible que ſoit la vérité.

C'eſt *une malheureuſe défiance* de l'Aſſemblée nationale même, & vous en voyez la preuve dans les décrets des 28 mai & premier juin, dans les principes qui y ſont établis, dans les précautions dont l'Aſſemblée générale s'arme contre l'Aſſemblée nationale, dans ſa conduite avec les députés de la Colonie, dans le ſilence qu'elle a preſcrit à ſes commiſſaires, dans l'ordre de ne montrer que ſes deux principaux décrets.

Cette défiance eſt due d'abord aux amis des noirs, & à l'opinion que pluſieurs d'entre eux ſont membres de l'Aſſemblée nationale, y forment un grand parti ; qu'eux & l'effrayant antagoniſte de la traite ne ſe tiennent pas pour battus, & nous pourſuivront toujours ;

Enſuite à l'accueil que les gens de couleur ont reçu à l'Aſſemblée nationale, au mauvais livre de M. l'abbé Gregoire, à ſa motion en leur faveur, à la ſéance du 28 mars, & à quelques journaux indiſcrets qui ont annoncé qu'on n'avoit rejeté cette motion que parce que l'article IV des instructions les jugeoit pleinement citoyens actifs;

Enfin à l'influence excessive que le commerce pourroit avoir à l'Assemblée nationale pour les lois prohibitives.

Ceux qui ont fomenté cette défiance se sont prévalus du long silence de l'Assemblée nationale sur les Colonies, des circonstances où elle a prononcé; la nouvelle d'une insurrection à la Martinique & à Saint-Domingue, la crainte d'une scission absolue en faveur de quelque puissance rivale, les terreurs & la réclamation puissante des villes maritimes & de manufactures, les murmures violens du peuple de Paris; ils ont abusé même de l'empressement avec lequel le décret du 8 mars a été rendu, & du refus de toute discussion; ils l'ont appelé un décret *de force, de peur, & d'astuce.*

Ils ont fait remarquer la réticence du décret & de l'instruction sur nos propriétés *mobiliaires*, malgré les instances des députés de la Colonie; ces expressions génériques *de citoyens* à l'article II du décret, & *de toutes personnes* à l'article IV des instructions, dont les gens de couleur peuvent se prévaloir en effet; enfin, pour assurer leur succès, ils ont prononcé le nom effrayant d'un ministre qui a fait tous les maux de la Colonie, & qu'un roi abusé n'éloigne pas de ses conseils. M. de la Luzerne, ont-ils dit, a influé sur le décret & sur l'instruction; Marbois, l'ennemi des colons, est auprès de lui, & la Colonie doit trembler plus que jamais.

Pardonnez, Messieurs, à notre franchise. Jamais elle ne fut plus nécessaire.

Le malheur de l'Assemblée coloniale est de n'avoir pu bannir, sur ces trois points, les alarmes communes à toute la Colonie. Notre seul mérite est d'avoir cru que vos décrets portoient toute garantie à leur égard, & qu'il étoit impossible que les Représentans augustes de la Nation la plus loyale de l'Univers pussent tendre un piége à leurs freres. Si nous ne l'avions pas cru, nous n'aurions pas sans doute proposé, comme l'Assemblée générale la fait, des formes constitutionnelles qui nous paroissent inadmissibles; mais avant de vous proposer un plan de constitution, nous vous aurions demandé franchement une garantie plus formelle & plus explicite.

Il n'est plus temps de le dissimuler; ces trois points feront toujours le destin de la

Colonie. Elle a beſoin de nouveaux adouciſ-mens au régime prohibitif du commerce.

Mais ſur-tout elle ne ſacrifiera jamais un préjugé indiſpenſable à l'égard des gens de couleur. Elle les protégera, elle adoucira leur état; elle leur en donne tous les jours des preuves. Le temps offrira ſans doute des moyens plus étendus; mais elle veut, elle doit être l'unique juge, la maîtreſſe abſolue des moyens & du temps. Ce qui s'eſt paſſé à Saint-Domingue depuis peu, ce qui ſe paſſe actuellement à la Martinique, en prouve plus que jamais l'abſolue néceſſité; & peut-être n'eſt-il que trop vrai que la trop grande latitude donnée à l'article IV de votre inſtruction, & l'accueil qu'ils ont reçu de vous, ont enflé leurs prétentions, & ont mis les deux Colonies en péril. Il faut qu'ils ſachent que ce n'eſt que de nous qu'ils peuvent attendre des bienfaits, & qu'ils doivent les obtenir par leur ſageſſe & leur reſpect.

Quant aux negres, notre intérêt répond de leur bonheur; mais la Colonie ne ſouffrira jamais que ce genre de propriété qu'elle tient de la loi, & qui aſſure toutes les autres, ſoit compromis, ni qu'il puiſſe l'être à l'avenir.

La colonie n'aura pas de peine à ſe con-

96

cilier avec le Commerce; il doit sentir qu'il est de son intérêt de faire prospérer la culture, pour multiplier les produits commerçables, & nous sentons que nous devons concourir à la prospérité de l'Etat, en donnant la plus grande extension possible à son commerce.

Mais tant que la Colonie pourra conserver des inquiétudes sur les deux autres objets qui, dans le fait, sont de son régime intérieur, & n'intéressent guere la France, jamais la Colonie ne jouira de la tranquillité si nécessaire à la prospérité du Royaume & à l'union réciproque.

Il est un autre article important. Vous avez, Messieurs, prescrit la sanction du gouverneur dans les lois urgentes & provisoires; nous avouons que c'est une nécessité constitutionnelle; mais la Colonie s'alarme de la possibilité que le gouverneur refuse sa sanction pour des subsistances. Sa responsabilité ne la rassure pas, parce qu'elle peut périr par la disette avant qu'il soit jugé & puni. C'est un malheur contre lequel il faut la prémunir, en donnant à cet égard à l'Assemblée coloniale une étendue particuliere & extraordinaire de pouvoirs, avec des précautions sages.

A présent, Messieurs, vous avez lu dans les

cœurs

cœurs des deux partis. Vous voyez en quoi consiste la division qui regne dans la Colonie; vous sentirez combien la diversité d'opinions peut devenir funeste. La plus grande partie des Colons a mal interprété vos intentions. Il est donc de la derniere importance que vous leviez promptement tous les doutes, parce qu'un long retard pourroit donner l'idée d'une scission avec la France.

Prévenez ces dangers par un nouvel acte de sagesse, de confiance, & de justice. Daignez faire ce que nous aurions vu avec transport l'Assemblée générale vous demander, & ce que nous paierions de tout notre sang. Nous avons toute confiance en vous; mais qui nous répond de l'avenir? Mettez les Législatures suivantes dans l'heureuse impuissance d'écouter les ennemis de notre repos. Accordez d'avance à la Colonie, comme un article immuable de la constitution françoise, qu'aucune loi concernant le régime intérieur, & notamment sur l'état des différentes classes qui la composent, ne pourra être décrétée que sur la demande précise de la Colonie; que quant aux rapports communs, aucune loi ne sera décrétée sans avoir été discutée par la Colonie, si elle est proposée par le Commerce de France; comme aucune ne le sera sans avoir été dis-

99

cutée par le Commerce, si elle est proposée par la Colonie.

Quant aux subsistances de nécessité urgente, mettez-nous à l'abri du caprice ou de la séduction d'un gouverneur.

Alors la Colonie est tranquille à jamais; alors ceux qui ont une défiance malheureuse, n'auront plus de motif; alors les mal-intentionnés seront sans prétexte; alors, *mais alors seulement*, nos liaisons seront immuables.

Et daignez réfléchir, Messieurs, que nous ne demandons qu'une conséquenc juste & inévitable de votre décret du 8 mars, parce que si l'Assemblée nationale a une fois posé en principe, qu'*elle ne devoit pas assujettir les Colonies à des lois qui pourroient être incompatibles avec leurs convenances locales*; qu'elles *devoient proposer leur vœu sur la constitution, la legislation, l'administration qui leur conviennent*, & que *leurs plans ne devoient être qu'examinés & décrétés par l'Assemblée nationale*; les mêmes motifs & la même regle doivent avoir lieu pour les lois subséquentes qui pourront être nécessaires par la suite & à jamais; que pour les rapports de commerce, s'il est juste de ne prononcer sur les demandes de la Colonie *qu'après que le Commerce françois aura fait ses représentations*, il est également juste de ne jamais prononcer sur les demandes du commerce, qu'après que les Assemblées de la Colonie auront été entendues; que pour les subsistances, le besoin est au dessus de toutes les regles ordinaires.

Daignez, Messieurs, en croire ceux qui se sont ralliés sous votre banniere; ceux dont les intentions ne peuvent pas vous être suspectes; ceux qui, partageant les alarmes de leurs freres, se sont rassurés sur votre parole, & se sont presque séparés d'eux, pour ne pas se séparer de vous. Considérez que cette Adresse franche, loyale, patriotique, ne peut pas échapper à la publicité dans la Colonie; qu'elle peut, comme nous l'espérons, être un moyen de rapprochement général; que tous les cœurs vont s'ouvrir à l'espérance, sur des défiances dont personne n'est entierement exempt; que tous attendront votre décision comme leur arrêt définitif; qu'un refus confirmeroit les craintes qui subsistent, feroit renaître celles que votre décret a bannies, & qu'alors il ne resteroit peut-être plus aux Colons qu'à se réunir pour le désespoir, qui ne produit que des résolutions funestes.

Dans cet état & par ces motifs, nous osons vous proposer le décret suivant :

« L'Aſſemblée Nationale, délibérant ſur
» l'Adreſſe de l'Aſſemblée provinciale du
» Nord de Saint-Domingue, en date du 13
» juillet, ſur les arrêtés de l'Aſſemblée géné-
» rale de ladite Colonie, des 14 & 28 mai,
» & 1er juin; ſur ceux de ladite Aſſemblée
» provinciale, des 17 mai, 16 & 21 juin der-
» niers, *&c.*

(*Ici l'Aſſemblée nationale prononcera dans ſa ſageſſe ſur les décrets & arrêtés reſpectifs.*)

» Renvoie la Colonie à l'exécution pleine
» & entiere des décret & inſtruction de l'Aſ-
» ſemblée nationale, des 8 & 28 mars dernier;
» en conſéquence ordonne qu'il ſera procédé,
» tant par les Paroiſſes, que par le Gouverneur
» général, & par l'Aſſemblée coloniale, con-
» formément auxdits décret & inſtruction,
» ſi fait n'a été.

» Et cependant, expliquant en tant que de
» beſoin leſdits décret & inſtruction, décrete
» comme article conſtitutionnel, immuable,
» & comme baſe eſſentielle & inaltérable de
» l'organiſation coloniale & de l'union éter-
» nelle de la Colonie avec la France;

» 1°. Qu'aucun décret ne ſera jamais rendu

» que ſur la demande expreſſe, directe, & » préciſe des aſſemblées coloniales, en tout » ce qui concerne le régime intérieur, & no- » tamment en ce qui touche l'état des perſon- » nes & des différentes claſſes qui compoſent » la Colonie.

» 2°. Qu'en ce qui touche le régime inté- » rieur & les rapports communs entre elle » & la Métropole, de même que les demandes » de la Colonie ne doivent être décrétées que » ſur les repréſentations du Commerce fran- » çois, les demandes du Commerce ne ſeront » jamais décrétées qu'après avoir été com- » muniquées auxdites Aſſemblées coloniales, » & ſur leurs repréſentations.

» 3°. Autoriſe les Aſſemblées coloniales » ou adminiſtratives à pourvoir à l'introduc- » tion des ſubſiſtances étrangeres, dans les cas » de néceſſité urgente & ſuffiſamment conſ- » tatée dans les trois ports d'entrepôt (1), à la

(1) L'Aſſemblée provinciale du Nord, en reſtreignant l'introduction des ſubſiſtances dans les trois ports d'entrepôt, & dans les cas ſeulement de néceſſité urgente, ſacrifie les intérêts les plus chers de ſa province, pour ſe rendre ſans doute les commerçans favorables, & obtenir le décret des deux articles précédens, qui peut ſeul faire ceſſer la diviſion & l'anarchie qui re-

103

» pluralité des trois quarts des voix, par ap-
» pel nominal, sous la sanction du gouver-
» neur; décrete qu'en cas de refus du gou-
» verneur, il sera tenu de le motiver dans les
» huit jours de la présentation du décret, &
» que l'Assemblée coloniale pourra passer ou-
» tre, & ordonner l'exécution dudit décret,
» à la pluralité des trois quarts des voix, par
» appel nominal, après avoir délibéré sur les
» motifs du gouverneur général, qui, dans ce
» cas, sera tenu de sanctionner.

---

gnent à Saint-Domingue; mais elle ne peut stipuler pour les deux Provinces de l'Ouest & du Sud, qui, étant moins anciennement établies & moins riches, ne pourroient faire un si grand sacrifice sans nuire à leur prospérité, que la rigueur des lois prohibitives a retardée jusqu'à présent.

L'Assemblée nationale ne peut rien statuer, d'après l'article 6 du décret du 8 mars, sur les modifications à apporter au régime prohibitif du commerce entre les Colonies & la Métropole, que sur leur pétition; & l'Assemblée coloniale de Saint-Domingue n'a point encore fait connoître son vœu à cet égard.

Si l'Assemblée nationale revenoit contre son décret, & décrétoit l'article 3 conformément au vœu de l'Assemblée provinciale du Nord, ce seroit un nouveau sujet de division, & rendre le rapprochement impossible; car les deux autres Provinces n'ayant point été entendues, seroient en droit de s'y refuser, d'après le décret du 8 mars.

» Sera le préſent décret préſenté inceſ-
» ſamment à l'acceptation du Roi, revêtu de
» ſa proclamation, & par lui adreſſé à ſon
» gouverneur général, pour être promulgué
» & notifié à qui il appartiendra ».

Fait & arrêté la préſente adreſſe, en ſéance publique de l'Aſſemblée provinciale de la partie du Nord de Saint-Domingue, pour être adreſſée aux députés de ladite partie du Nord à l'Aſſemblée nationale, & par eux préſentée à la premiere de ſes ſéances, & après lecture, dépoſée ſur le bureau. Sera pareillement imprimée & communiquée aux Chambres conſulaires du Royaume, & publiée dans la Colonie. Au Cap, le 13 juillet 1790.

Les Membres de l'Aſſemblée provinciale de la partie du Nord de St. Domingue.

AUVRAY, *Préſident.*

CHESNEAU DE LA MÉGRIERE, *Vice-Préſident.*

MAILLARD DE ROCHELAND, } *Secrétaires.*
LEVESQUE, }

Collationné. PAQUOT, *Secrétaire perpétuel, Garde des archives.*

De l'Imprimerie de DEMONVILLE, rue Christine. 1790.

www.ingramcontent.com/pod-product-compliance
Ingram Content Group UK Ltd.
Pitfield, Milton Keynes, MK11 3LW, UK
UKHW020448220726
13923UKWH00005B/2410

9 782019 629304